LES
AMIS DE CŒUR

ET

LES AMIS DE POCHE

COMÉDIE

EN UN ACTE, EN VERS

CAMBRAI

Imprimerie de SIMON, rue Saint-Martin, 18.

1858

LES AMIS DE COEUR

ET

LES AMIS DE POCHE

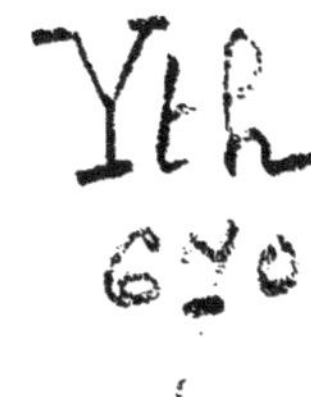

LES
AMIS DE CŒUR

ET

LES AMIS DE POCHE

COMÉDIE

EN UN ACTE, EN VERS

CAMBRAI

Imprimerie de SIMON, rue Saint-Martin, 18.

1858

PERSONNAGES.

MORNAY, Gustave . . . .   20 ans.

BELLART . . . .   30 ans.

Le Marquis de LUÇAY . . . . .   50 ans.

D'AUTERIVE . . . .   20 ans.

Amis de Mornay — SERVIERES, chef de bureau . .   25 ans.

GAMBON, artiste peintre . . . .   25 ans.

Deux personnages muets . . . . . .   20 ans.

De MONTCHAMP, officier . . . .   30 ans.

De GOY, officier, ami de Montchamp . . . . . .   30 ans.

ANDRÉ, factotum de Mornay . . . .   60 ans.

LOUIS, domestique de Mornay . . . .   25 ans.

Personnage muet, autre domestique de Mornay . . .   18 ans.

La Scène est à Paris.

LES AMIS DE CŒUR

ET

LES AMIS DE POCHE

COMÉDIE

Le Théâtre représente un Salon richement meublé, porte principale au fond, deux de dégagement de chaque côté.

SCÈNE PREMIÈRE.

ANDRÉ, LOUIS ET LE TROISIÈME DOMESTIQUE

Ils arrangent le salon.

ANDRÉ.

A Louis.

Viens ça de ton plumeau, chasser cette poussière.

A l'autre domestique.

Et toi de ce rideau, range la cordelière ;
C'est bien... là... tout est prêt, monsieur peut maintenant,
Amener ses amis pour ce festin charmant.
Quel luxe ! Quel éclat ! en ce jour il déploie ;
Ah c'est que notre maître est large dans sa joie :

Ça se comprend fort bien, et pour notre bonheur,
Il est riche de tout, de finance et de cœur.

Aux deux domestiques.

N'êtes-vous pas heureux ?... Mais je crois qu'ils balancent
A répondre à cela... que cent diables les tancent
Ces ingrats... ces butors !

LOUIS.

Tout doux, monsieur André,
Dites-moi, je vous prie, et vous en saurai gré ;
Notre maître est-il riche ?

ANDRE

Où tend cette demande ?
Regarde autour de toi.

LOUIS.

C'est que... là... j'appréhende
Pour notre excellent maître, un funeste revers.

ANDRÉ.

Ecoute, mon enfant, et connais qui tu sers.
Son père était au Hàvre, en une grande aisance,
Armateur au long cours, il laissa de finance,

A son fils, en mourant, à peu près un million,
Sans charge, clair et net, par devant tabellion.
Ce fils ne goûta pas les charmes du négoce ;
Non que l'intelligence, en lui, toujours précoce,
Ne le lui permit pas ; mais il avait enfin,
Réglé tout autrement et tracé son chemin.
Sagement il plaça, chez un monsieur Coudère
Négociant au Hàvre, et l'ami de son père,
Tout son bien, et s'en vint jouir du revenu,
A Paris, où déjà, jeune, il était venu.
Ce monde l'attira, ce monde dont les charmes,
Fascinèrent ses yeux ; et malgré mes alarmes,
N'en pouvant effacer, l'enivrant souvenir,
Pour le veiller au moins, je dus y revenir.
Du reste, notre maitre, y fait quelque figure ;
Du marquis de Luçay, le cercle intime augure,
Que peut-être il pourrait, lui simple cavalier,
A la noble héritière, avant peu s'allier.

LOUIS.

On le dit :

ANDRE.

Ce sera, pour son nom, gloire insigne,
Mais pour son cœur, j'en crains l'influence maligne.

J'avais rêvé pour lui, d'un amour plus serein,
Le charme et le bonheur ; et c'est dans ce dessein,
Qu'il y a quelques mois, il partit pour le Hàvre
Voir un monsieur Dumont ; ce souvenir me nàvre ;
Car je vis avorter, le bienheureux projet
Qui du voyage avait amené le sujet.
Monsieur Dumont, était commis depuis l'enfance
Du père, qui mourant, et par reconnaissance
Lui laissa sa maison, son fils ne prisant pas
Du négoce chanceux, les inconstants appas.
Peu fortuné d'abord, le début fut pénible
Sa lutte avec le sort fut un combat terrible ;
Il en sortit vainqueur ; on le voit maintenant
Résolument marcher, vers un succés constant.
Or, ce monsieur Dumont, est père d'une fille,
Clarisse à dix-neuf ans, douce, aimable et gentille ;
Près d'elle, dans ces lieux, où tous deux ils sont nés,
Enfant, Mornay passa des jours bien fortunés.
Ils avaient l'un pour l'autre, une amitié si tendre,
Que, quand il dut partir du Hàvre pour se rendre,
A Paris, commenter, les Grecs et les Romains,
Ils pleuraient à sanglots, et leurs petites mains,
Ne pouvaient se quitter sur le bord de la route ;
Leur affection donc, ne pouvait être un doute ;

Elle grandit encore à ce dernier séjour,

Et je vis naître entr'eux, un véritable amour ;

Mais au retour, Paris et son trompeur mirage,

De Clarisse effaça, la gracieuse image ;

La fille du marquis,

LOUIS.

Peut être... Ecoutez-moi,

A ce que je vais dire, accordez quelque foi.

J'étais hier au soir, accompagnant mon maitre,

Chez monsieur de Luçay — Je venais de paraître

Que Dubois, du marquis, vous savez, le laquais,

Me prit à part et dit : que bientôt je risquais

De me trouver sans place, en la déconfiture,

Qui déjà de mon maitre avait fait aventure ;

Qu'il l'avait entendu raconter au salon.

ANDRÉ.

Que dis-tu là, mon Dieu !... quelque méchant félon,

Jaloux de ce bonheur, qu'aucun ne lui dénie

L'attaque sourdement, par cette calomnie :

Cela ne se peut pas.... moi son vieux confident

Je le saurais — Il vient.

SCÈNE DEUXIÈME.

LES PRÉCÉDENS, MORNAY,

Il s'avance à pas lents en réfléchissant.

ANDRÉ (à part).

Mais il est évident
Qu'un chagrin le domine et lui trouble la tête.
Si ce bruit était vrai?... Mais alors cette fête?

MORNAY (d'un air tranquille et doux à Louis).

Tenez Louis... près d'ici... vite allez... ce billet,
A mon maître d'hôtel, en passant... ce feuillet.

A l'autre domestique.   Louis sort.

Et vous qui me semblez encore un peu novice,
Aujourd'hui du salon, laissez là le service.

A André d'un ton enjoué.   Ce domestique sort.

Eh bien ! mon viel ami, tout est-il arrangé ?
Dans le petit salon... as-tu... placé rangé
Tables de jeux, jetons, cigares et la cave?
N'as-tu rien oublié ?

ANDRÉ.

Tout est prêt.

MORNAY.

Bien mon brave ;
Mais pourquoi m'informer de tous ces détails là ?
Je sais quels sont les soins que tu mets à cela.
Eh bien va maintenant commander que la table
Soit servie, et que là, le plus grand confortable
S'y fasse remarquer — ah ! n'omets pas surtout
D'y faire figurer, mon plus riche surtout.

Va (Il prend son portefeuille et écrit dessus avec le crayon, pendant ce temps
André le regarde et dit en s'en allant).

ANDRE (à part).

Cela ne peut-être..., et cet air si paisible
A tel évènement on n'est pas insensible.

Il sort.

SCÈNE TROISIÈME.

MORNAY SEUL (il s'assied).

J'ai beau recommencer de compter mon actif.
Je n'en puis augmenter le chiffre positif ;
Il me reste à peu près deux mille francs de rente ;
Je suis ruiné... perdu ! — Il faudra mettre en vente.

Mes chevaux... cet hôtel... son riche mobilier,
Puis vivre obscurément, et me faire oublier.

Il se lève.

Eh bien non !... de l'éclat... j'en aurai le courage ;
Je veux par mes pinceaux, reprendre l'avantage ;
Car sans trop me flatter, mes crayons sont compris ;
Mais d'un autre côté, supporter le mépris,
Qu'on jette à la misère ; et l'hypocrite mine,
De ces amis jaloux, heureux de ma ruine ;
Jamais, plutôt mourir ! (Il s'assied), O déplorable orgueil !
Luxe ! de ma raison, seras-tu le cercueil ?
Viendras-tu donc toujours, vanité ridicule,
Frapper de ton dédain, l'honorable pécule ?
Du courage morbleu ! Je me le dis cent fois,
Mais cet évènement, qui m'enlève à fois ;
Considération, fortune, honneur, sagesse,
L'estime de moi-même, espoir de ma jeunesse,
M'accable, et je suis-là, faible comme l'enfant,
Qui pleure le hochet, que lui prend son pédant.

Il se lève.

Que faire ?... que tenter ? dans ce péril extrème ;
Il est bien un moyen... mais c'est un stratagème ;
Faut-il, dans cette voie, engager mon honneur ?
Laisserai-je l'esprit l'emporter sur le cœur ?

Pourquoi non ?... la raison me semble inopportune,

Il n'est que ce moyen, de refaire fortune ;

La fille du marquis, peut, sans honte pour moi,

Devenir ma compagne, et me donner sa foi.

Ils ont, de ma personne, une assez haute estime,

On me voit avec eux, dans un commerce intime ;

Pourquoi craindre un refus ? — La perte d'un peu d'or,

Me laisse le même homme, avec, ou sans trésor.

Cependant, jusqu'au bout, qu'on ignore ma perte ;

Si le marquis reçoit ma demande, alors certe,

Je la lui avouerai ; mais cachons jusque-là,

Le coup le plus cruel, dont le sort m'accabla.

Et toi, chère victime, amante et sainte mère,

Clarisse ! — Je ne puis t'apporter la misère ;

Riche ! Oh ! je t'eus ouvert, et mon cœur et mes bras,

Mais sur ce cœur contrit, seule tu règneras.

Ne me maudis donc pas, trop chère abandonnée,

De nos douleurs, la mienne, est plus infortunée,

Car je perds ton amour et ma paternité.

Que je rougis, grand Dieu ! de cette lâcheté.

O ! monde, qui m'as fait lâche et servile esclave,

Tes exigences ont, d'une honteuse entrave,

Enchaîné, de mon cœur, les instincts naturels ;

Tes préjugés maudits, seront-ils plus cruels ?

Me forceront-ils donc, courbé sous leur empire,
A renier ma vie, en un jour de délire.

SCÈNE QUATRIÈME.

MORNAY, BELLART, (en habit bleu clair ou marron).

BELLART.

Bonjour.

MORNAY.

Ami bonjour,

BELLART.

Ah ça, me diras-tu ?
Que peut signifier, ce brillant impromptu,
Inopportun, mal pris, et que d'honnêtes hommes,
Ne doivent pas tenter, dans le cas où nous sommes ;
Sage, on doit supporter, noblement les revers,
Mais bien fou qui les brave, et c'est là ton travers.
Je dis nous, car enfin, je compte dans ta vie,
J'en réponds, et te dis:... Mornay pas d'infamie !

MORNAY.

Es-tu cruel, ami, dans ton précepte amer ;

Riant.

Mais quoi, dans tout cela, choque mon magister ?

BELLART.

Trève de railleries, et dis-moi là, sans feinte,
Cette fête... Pourquoi ?

MORNAY.

Mais quelle est cette crainte ?
Je veux, de ma ruine, établissant l'erreur,
Que mes amis encore ignorent ce malheur ;
Je ne puis supporter cette douleur profonde
De ne plus être riche, aux yeux de tout le monde.

BELLART.

Ah bien ! Il pleut, mon cher, et ton esprit brouillé
Te fait jeter dans l'eau, crainte d'être mouillé.
Tiens... je n'aime pas, moi, tous ces vains subterfuges :
Crains que les cœurs bien nés, ne deviennent tes juges !
Tu veux en imposer, par des dehors honteux,
Et tu viens m'inviter, à partager tes jeux,
J'y suis peu complaisant... cherche un autre compère
Adieu.

Il va pour sortir, Mornay le retient.

MORNAY.

De ton esprit, le froid me désespère ;

Mes idées, ma raison, ne se peuvent lier ;
Conseille-moi plutôt, loin de m'humilier !

BELLART (avec expansion).

T'humilier !... Enfant.... Retire ce blasphème ;
Mais tu ne le crois pas, car tu sais que je t'aime.
Sur la route tombé, sans faire le romain,
J'eusse dû m'empresser de te tendre la main ;

Il lui prend la main.

J'ai tort.... pardonne ami.... Mais que prétends-tu faire ?

MORNAY.

Mon Dieu... gagner du temps, car c'est la grande affaire
Puis tenter la fortune... Elle peut être un jour,
Rendue à mes désirs. par les soins de l'amour.

BELLART.

Et comment ?

MORNAY.

Du marquis, en cherchant l'alliance ;
Tu sais, quelle est pour moi, sa vive bienveillance,
J'épouserai sa fille.

BELLART.

Oh sans le prévenir,
Tout d'abord, du malheur, qui vient de t'advenir.
C'est mal !

MORNAY.

Encore un coup, n'outre donc pas les choses,
Et ces arrangements, ne seront lettres closes,
Que jusques au moment, où réglant le contrat,
J'avouerai.

BELLART.

Je maintiens que c'est mal, et l'éclat,
Qui doit en rejaillir, plus que ton infortune,
Te fermera le monde. — Une voix importune,
Te tourmentant sans cesse, et te mordant le cœur,
Te criera : qu'as-tu fait, Mornay, de ton honneur !

MORNAY (accablé).

Hélas !

BELLART.

Relève toi ! le malheur te terrasse,
Contre son influence, oppose pour cuirasse,

Ton cœur, ton nom, ta vie... et marche devant toi,
Ferme et résolument — Raisonnons et dis-moi.
Pourquoi ce mariage? Et le crois-tu propice,
A ton bonheur, conclu sous un si faux auspice?
Car tu n'aimes pas là.

MORNAY.

Je dois avouer que non.

BELLART.

Ce sera sur ta vie, un bien pesant chaînon.

MORNAY.

Je le sais — mais je crains cette misère infâme,
Qui vient de ses haillons, épouvanter mon âme;
Je la vois me couvrir de ses sales lambeaux,
Et faire de ce luxe, un amas d'oripeaux.

BELLART.

Tu deviens fou, mon cher, — dans ton erreur extrême
La misère, toujours, serait un anathème;
Je crois, moi, la porter fort honorablement.

MORNAY.

Tu n'es pas malheureux.

BELLART.

Non, très certainement ;
Mais cela tient surtout, à ce que d'habitude
De vivre simplement, je me fais une étude ;
Tu feras comme moi. — Revenons donc au fait,
De ta sotte union, qui devient un forfait,
Aux sentiments du cœur, ainsi qu'aux convenances.
La fille du marquis remonte tes finances.
T'aime-t-elle à son tour ? — Je ne le pense pas.
Quel ménage touchant et qu'il aura d'appas !
Comment toi, dont le cœur est rempli de tendresse,
Pour Clarisse qui t'aime et d'une telle ivresse,
Qu'elle te sacrifia, tout ! jusqu'à son honneur,
Et tu balancerais à gouter ce bonheur,
Qui devient un devoir et que ta propre estime
A dû te commander, comme un fait légitime.

MORNAY.

Tu ne sauras jamais, à quel point ce remord,
M'accable nuit et jour, me déchire et me mord.

O ! douce illusion ! si longtemps poursuivie,
Clarisse pour jamais, tu vas m'être ravie ;
Je perds tout à la fois, la fortune et l'amour.

BELLART.

Je ne te comprends plus, — quoi Clarisse à son tour,
T'échapperait — pourquoi ? — N'est-elle donc pas libre ?
Ah ! que tu toucherais sa plus sensible fibre.

MORNAY.

Je le sais — mais est-il, dis-moi, bien délicat,
D'aller lui imposer mon misérable état ?

BELLART.

C'est bien cela Mornay — j'aime cette pensée,
Fausse en réalité, mais au fond élevée ;
Suis-la — par ton travail conquiers quelques biens,
Et fier, tu concluras, ces fortunés liens.

MORNAY.

Que faire alors ?

BELLART.

Déjà ton courage te laisse !
Ah crains que l'amour-propre, à tes yeux ne t'abaisse.

Qui faiblit dans ce cas, n'a pas la volonté,
De sortir du malheur, où le sort l'a jeté.
Tu rougis du travail, comme si la faillite
Qui te prend ton avoir, accusait ta conduite;
Fort de ta conscience, honore ton labeur,
Du monde estime peu, la changeante faveur ;
S'il ne t'approuve pas, méprise son suffrage.

MORNAY.

Je le veux — mais encor — que faire ? — quel ouvrage ?

BELLART.

N'as-tu pas tes dix doigts et des talents acquis ?

MORNAY.

Il me faudrait vingt ans avant d'être compris.
Et puis.

BELLART.

Et puis ! — Après — quel faible caractère ;
Les préjugés, toujours, plus forts que la misère
Te tiendront leur esclave ! — Il te répugnerait
De recevoir le prix, d'un dessin, d'un portrait ?

Sois donc soldat ! — Et là — quoique tu puisses faire
On ne t'offrira pas, un insolent salaire !

MORNAY.

Moi soldat !

BELLART.

Pourquoi pas ! Notre armée en ses rangs
En compta, que la France, appela ses enfants ;
Hoche — Kleber — Dessaix — Massena — Bernadotte.
Te valaient bien, je crois, et ta vanité sotte,
Eut peu brillé près d'eux.

MORNAY.

J'estime leur valeur,
Mais je suis peu jaloux.

BELLART.

Eh mais, aurais-tu peur ?

MORNAY.

Bellart !!

BELLART.

Ah calme toi — mon Dieu l'on te sait brave,
Qui de nous ne l'est pas ? — Mais un courage grave,

De sang-froid, sans éclat, qu'on ne peut louanger,

Qui sans honte nous fait, ouvertement braver,

Le plus sot ridicule, enfant de l'amour-propre,

Rendant l'homme, pour tout, et partout, nul, impropre ;

Ce courage — l'as-tu ? Car je dois t'avertir,

Que le marquis, je crois, ne pourra consentir,

Je n'en sais les raisons, à te prendre pour gendre ;

Il peut craindre les maux, que la misère engendre.

C'est la loi de ton monde et son faux préjugé ;

Un honnête malheur doit être négligé.

Il fallait être auteur, plutôt qu'être victime,

De ta faillite ; alors de ton monde l'estime,

T'eut suivi millionnaire et voleur impudent,

Le front haut, le cœur bas, tu aurais l'entregent,

MORNAY.

Je devine ton but et par cette nouvelle,
Tu veux me décider.

BELLART.

Elle est je crois réelle,

MORNAY.

Ah ce n'est pas possible ; il m'aime tendrement,
Je ne puis croire encor, ce brusque changement.

Pourquoi ? — Qui te l'a dit ?

BELLART.

Ecoute et fais silence.

On sait chez le marquis, ton manque d'opulence ;
Je ne te le disais, à dessein, jusqu'ici,
A mes raisonnements, te voulant à merci ;
Mais puisque mes avis et la raison ensemble,
N'ont pu rien sur ton cœur, je ne dois il me semble,
D'aucun ménagement, désormais faire emploi,
Et tu sais d'être vrai, si je me fais la loi ;
Crois-moi donc.

MORNAY.

Impossible, et d'y croire je n'ose.

BELLART.

Incrédule, voici comment j'ai su la chose.
Tu sais — autre travers de ton esprit léger,
Ta provocation, à ce brave officier,
Hier — dans les salons du marquis.

MORNAY.

Oui — je pense,

Que c'est pour aujourd'hui.

BELLART.

Tu l'as dit — et l'offense
M'ayant été contée, assez confusément,
J'allai vers l'officier, qui très-obligeamment,
Me l'expliqua bientôt — et l'affaire connue,
Je promis en ton nom, une excuse ingénue.

MORNAY.

Ah Bellart, qu'as-tu fait ! — Tu m'as perdu d'honneur.

BELLART.

Encore un préjugé — O déplorable erreur !
Comment le duel injuste, impie et sacrilège,
Donnerait à des fous, l'horrible privilège,
De forcer sans raison, un homme de bon sens,
A leur livrer ses jours, malgré le droit des gens.
Le véritable honneur, veut que tu reconnaisses
Tes torts, s'ils sont réels, et loin que tu t'abaisses,
Tu te grandiras plus, aux yeux de ton prochain,
Qu'en soutenant ces torts, les armes à la main,
Au péril de tes jours, plus même, de la vie.
De l'homme provoqué par ta sotte folie.

MORNAY.

J'approuve ta sagesse et goûte la leçon ;
Mais ce n'est pas mon cas ; — et de bonne façon,
Je veux, contre ce lâche, attaquant une femme,
M'en faire le vengeur, alors qu'il la diffame.

BELLART.

Qu'il ait tort, ou raison, un homme ne doit pas,
Attaquer une femme, et je suivrais tes pas,
S'il en était ainsi ; mais n'outre pas ton zèle,
Notre officier, hier, trouvait mademoiselle
De Luçay fort légère — Il était dans son droit.

MORNAY.

Moi, je prétends que non ; et tu n'es pas adroit
Pour le défendre, ami.

BELLART.

                    Ton zèle est bien tenace ;
Et puisque ton esprit, est si peu perspicace,
Je te dirai donc tout, — il n'est que ce moyen,
De te convaincre. — Ecoute, et tu verras combien

Ce monsieur de Montchamp, ton stoïque adversaire,
A droit à ton respect — Et qu'il est nécessaire,
De le lui déférer — au plutôt — aujourd'hui.

MORNAY (avec impatience).

Je ne te comprends pas.

BELLART.

Ecoute sans ennui.

Si monsieur de Montchamp, s'est pris à contredire
Le marquis de Luçay, qui venait de prescrire,
Que désormais chez lui, ton malheur t'exclurait,
C'est qu'il vit que sa fille, aussi te torturait.
Cet homme, juste et noble, indigné de l'outrage,
Qu'on te jetait, sans droit, sans raison, au visage,
Te défendit contre eux, de cette lâcheté
Et toi tu reconnus sa générosité,
Par une insulte grave.

MORNAY.

Crois que je la déplore ;

Pouvais-je deviner ?

BELLART.

Mais alors qu'il ignore,

Un sage se défie et sept fois sans causer,
Il consulte son cœur, avant de rien oser.
Mais ce serait bourgeois — Nos fous de rien ne doutent
Ils vont, renversent, tuent — et puis ensuite — écoutent.

MORNAY.

Eh bien oui — j'en conviens — je me suis follement
Conduit dans tout ceci ; mais honorablement
En puis-je convenir ?

BELLART.

Ah voilà, sur ma vie,
Un honneur bien placé et qui doit faire envie.
Il faut-être archi-fou, pour trouver de l'honneur,
A soutenir, quant même, une funeste erreur.

MORNAY.

C'est un tort, il est vrai, qui sur l'erreur se fonde ;
Tort devenu devoir, par préjugé du monde,
Je ne puis l'oublier. — Cependant pour le mieux,
Règle en tout ce point là, mais sois judicieux.
Revenons au marquis. — Je crois que son offense
Est assez sérieuse, et qu'ici la défense,

Doit être enfin permise à mon cœur outragé ;

Avec feu.

De ce marquis sans foi, je veux être vengé !
Allons ! (Il veut sortir Bellart le retient).

BELLART.

Prends garde, ami, la passion se mêle
A ta colère — crains, que l'esprit ne démêle
Dans cette affaire-ci, l'insulte avec le droit.

MORNAY.

Ah Bellart — serviteur — grâce pour ce surcroît
De prudente raison ; je ne suis pas de glace ;
Dût mon ressentiment, être taxé d'audace,
Malgré soins et conseils, malgré toi, malgré tout,
Je veux le satisfaire, enfin, jusques au bout.

BELLART.

Pauvre ami, de ton cœur, je comprends la blessure,
J'excuse tes transports, par l'horrible torture,
Que doit produire en toi, cet insolent dédain ;
Mais je suis de sang-froid et mon esprit plus sain.

Te doit aide et secours, pour sauver du naufrage,
Ta raison éperdue, au milieu de l'orage ;
Rassérène ton cœur, calme ta passion,
Et jugeons froidement la situation.

MORNAY.

Elle est franche et prouvée.

BELLART.

Examinons de même,
Si nous sommes en droit de crier anathème.

MORNAY.

Vous verrez, que bientôt, je devrai le bénir.

BELLART.

Mon Dieu, calme toi donc, et laisse-moi venir.
Ta ruine au marquis, fait craindre ta présence,
Il te ferme sa porte avec quelque prudence.

Mornay fait un geste.

Ecoute jusqu'au bout, sans trop t'exaspérer ;
La raison est de glace, elle doit tempérer,

Les violents écarts, de ton âme en délire.

MORNAY.

Je ne puis dire assez, le mépris qu'il m'inspire.

BELLART.

Le mot est dur — Sa fille, avec quelque raison,
Mériterait bien mieux, ta méchante oraison ;
Car il est père enfin — Tu pouvais compromettre
Sa fille.

MORNAY.

Mais avant je pouvais me permettre.

BELLART.

Avant — de ton million on était amoureux ;
Tu l'as perdu — Va-t'en — tu deviens dangereux.

MORNAY.

Ces visites alors, intimes et fréquentes,
Qu'en pourrait-on penser ?

BELLART.

Que pous tous évidentes,

Le marquis les voyait — Mais tu n'étais pas veuf,
De ton million alors ; et tu serais bien neuf,
Aujourd'hui, de penser, être encor le même homme,
Qu'hier, environné par l'éclat de la somme ;
Dans Mornay millionnaire, on voyait un époux,
Pour Mornay malheureux, on n'a que du courroux.

MORNAY.

Je puis donc accuser, son âme déloyale.

BELLART.

Ah permets — Non mon cher — Et ma voix impartiale
Te diras toujours : Non — puisque dans tout cela,
Jamais de mariage, il ne fut question là.
As-tu près du Marquis, formulé ta demande ?
Sa promesse l'as-tu ?

MORNAY.

Non.

BELLART.

Qui veux-tu qu'on pende,
Alors, dans tout ceci ? Malgré ta volonté,
Non, je ne vois pas là, de la déloyauté.

MORNAY.

Mais, comme au malfaiteur, il me ferme sa porte,
Ai-je donc mérité, mépris de telle sorte ?

BELLART.

Enfin, dessus la plaie, ami, tu mets le doigt ;
Oui, voilà du Marquis, le plus fâcheux exploit ;
Qu'il refuse sa fille, à ta triste infortune,
Qui, dans ses chers projets, fait profonde lacune,
Il est père. — A ce droit, nul ne peut s'opposer ;
Mais oubliant l'ami, qu'il vienne déposer,
Pour lui, tous sentiments d'estime bienveillante
C'est mal ! — Et son estime est la femme galante,
Qui chasse ses amants quand ils n'ont plus le sou ;
Laisse donc tout cela, ne serais-tu pas fou,
D'aller salir ton cœur à leur froide insolence ;
Venge-toi d'eux, très-bien, mais par l'indifférence,
Tu seras sage et fort.

MORNAY.

J'eus été cependant
Ravi de le punir d'un dédain si choquant.

Il lui met la main sur l'épaule.

Ami, qu'un philosophe, est chose peu commode,
Il ne sera jamais, quoiqu'il fasse, à la mode.

BELLART.

Qui parle de vertu, dans ce monde pervers,
N'est qu'un sot moraliste, à l'esprit de travers.
La vertu ! — Parmi vous, en a-t-on quelque doute ?
Non — elle est chagrinante et peu commode en route ;
D'autres, caffards fieffés, s'en font un caoutchouc,
Qui s'allonge, ou se serre, et dont ils font un loup.
A la vertu, le monde, est souvent un encombre,
Ainsi qu'à la forêt, les lianes sans nombre,
Qui l'embellissent, mais, entravent son parcours
Et que doit écarter, qui veut suivre son cours.
Jeune, tu fus bercé, par cette vierge austère,
Tu suças la vertu, sur le sein de ta mère ;
Son germe est dans ton cœur, mais ce monde énivrant
A tant soit peu séché, ce germe bienfaisant.
Fais qu'il renaisse en toi, large, fort et sans tache,
Arme-toi de courage, écarte, foule, arrache,
Ces préjugés trompeurs, lianes de la vertu,
Qui lacent tes penchants de leur esprit tortu ;

Puis vas droit ton chemin, l'estime de toi-même
Sera ta récompense, et comme un diadème,
Couronnant tes efforts, sera plus glorieux,
Que les vagues faveurs d'un monde spécieux.
D'abord, à tes amis, sans mystère et sans honte,
Annonce ton malheur.

MORNAY.

Quoi tu veux que j'affronte !
Mais je sens qu'il le faut. — Eh bien je te promets,
Que dès demain, sans faute, à tout je me soumets,
Laisse-moi tout ce jour, pour aguerrir mon âme,
A ce dur sacrifice, auquel je me condamne.

SCÈNE CINQUIÈME.

LES PRÉCÉDENTS, D'AUTERIVE, SERVIÈRES ET DEUX AUTRES AMIS DE MORNAY.

LOUIS (annonçant.)

Messieurs Servières, Pol, d'Auterive et de Rieux.

(Ils entrent, tendent la main à Mornay et ne disent rien à Bellart).

D'AUTERIVE (à Mornay).

Bonjour cher, — comment vas ? — Que tu me vois joyeux

De pouvoir sans façon, passer ce jour ensemble,
Car je t'aime mon bon. — Oui d'honneur, il me semble,
Autant et plus que moi.

BELLART.

C'est beaucoup dire.

D'AUTERIVE.

Non

Vrai.

SERVIÈRES.

Mais chacun le tient pour joyeux compagnon,
Ce digne et cher Mornay.

BELLART.

Et qui fait bien les choses.

MORNAY.

Messieurs — ces compliments.

BELLART.

Que de prendre tu n'oses ;

Prends — c'est monnaie en cours, mais qu'il faut avec soin,
Rendre à qui vous la donne, et l'offrir au besoin.

SERVIÈRES.

Mons Bellart Degeneais fait toujours la satire.

BELLART.

Eh non messieurs—mais quoi—dans ce monde il faut rire
Et le monde est plaisant.

D'AUTERIVE.

Ah vous êtes de tous,
Le plus plaisant du monde et plus drôle que nous.
Voyons enfin, — pourquoi critiquer nos costumes ?
Médire constamment, sur nos us et coutumes ?

BELLART.

Vous me le demandez ? — Ce n'est pas mon essai.
Je vous ai déjà dit que rien n'y était vrai ;
Tout y est composé, sentiments, politesse,
Honneur, morale, esprit, amour, vertu, sagesse.
Et tous vos préjugés, vos usages, vos mœurs,
Pour l'austère vertu, ne sont que non-valeurs.

D'AUTERIVE.

Vous généralisez — précisez votre attaque,
J'appelle tout cela, raisonnement opaque.

Embrassant tout et rien — qu'il soit clair et précis.

BELLART.

Cette condition, me donne le soucis,

D'AUTERIVE.

Voilà !

BELLART.

De faire un choix, tant le thème est facile
Et les sujets nombreux. — Voyons un entre mille,
De ceux que votre monde a souvent écourtés,
Arrangeant leur usage à ses commodités.
Votre civilité est-elle bien nature ?
Avez-vous dans le cœur, ce que la bouche assure ?

SERVIÈRES.

Mais oui certainement.

BELLART.

Et moi je dis que non !
Lorsque vous demandez, en faisant le mignon,
Comment va la santé, qui ne vous touche guère,
Vous parlez aussitôt, d'une affaire étrangère,
Sans qu'à la question, on vous ait répondu ;
Eh comme je vous ai, tout-à-l'heure, entendu.

Puis enfin, pour que soit, complète la grimace,
Vous vous touchez le doigt. — Attouchement de glace.

D'AUTERIVE.

Il vaut mieux se toucher, que s'écraser la main.

BELLART.

Que je hais ces semblans, qui frisent le dédain !
Restez indifférents, si c'est dans votre usage ;
Mais l'intérêt exige, un tout autre langage.
Je veux qu'à ma santé, portant attention,
Vous attendiez réponse, à votre question;
Ou ne la faites pas — Quant à l'indifférence
A se toucher le doigt, c'est peu ma convenance ;
J'aime à presser la main, qui s'avance vers moi ;
L'épiderme me dit, si c'est de bonne foi
Qu'on me tend cette main. Dans le siècle où nous sommes,
C'est à l'habillement que vous jugez les hommes.
Pour moi, de son mérite, un homme enveloppé,
Je vois peu son habit, s'il est frais, ou râpé.
Ce n'est pas votre avis, Messieurs,

SERVIÈRES.

Mais si, sans doute.
Ce mérite pourtant, serait-il en déroute,

Si celui qui le porte, était moins dédaigneux
De sa mise?

BELLART.

Il a bien de son esprit soigneux,
De plus utile emploi, qu'à le mettre en sa mise.

SERVIÈRES.

Mais encor la décence, au moins, doit être admise,
Et vous, Monsieur Bellart, vous venez cependant,
Chez votre ami, dîner, en état malséant.

BELLART.

Si c'est mon habit noir, que son billet invite,
Pour le lui envoyer, je m'en vais au plus vite;
Mais si c'est moi, morbleu, que lui fait mon habit,
Qu'il soit noir, qu'il soit bleu, qu'importe l'acabit?

D'AUTERIVE.

La bienséance, au moins, pour nous, exige-t-elle,
Que vêtu pour l'honneur.

BELLART.

Quelle est cette nouvelle?

L'honneur en vêtemens. — J'en sais qui vont geler,

N'ayant pour se couvrir, qu'un manteau si léger.

L'honneur est dans mon cœur — Ce luxe je le porte,

Comme un autre, il n'est pas bagatelle de porte,

Mais là... Rassurez-vous, mon habit n'ira pas,

Vous faire honte encor dans ce luxueux repas.

D'autres soins importants,

SERVIÈRES.

Votre erreur est extrème

Vous avez parmi nous, droit à l'estime même,

Et l'ami de Mornay, peut très-certainement,

BELLART.

Assez Messieurs — l'encens de votre compliment,

Ne m'enivrera pas ; j'en connais la portée,

Vous me l'avez apprise ici, par votre entrée ;

Pas un de vous ne m'a, fait le moindre salut,

Vous avez à Mornay, seul payé ce tribut.

Je n'en suis pas jaloux, d'autant mieux qu'il mérite

Ces marques d'amitié, par sa noble conduite,

Son cœur est généreux, vous le savez, je crois ?

D'AUTERIVE.

Aussi nous l'estimons et l'aimons à la fois.

BELLART.

Bien vrai — là franchement.

SERVIÈRES.

Ah pas de badinage,
Respectez cette fois ce sincère langage.

BELLART.

De sorte qu'un malheur, lui arrivant soudain,
Non pas tout maintenant, mais… peut-être demain,
La perte de ses biens, par exemple, entre d'autres,
Vous seriez là—de cœur.

SERVIÈRES.

Et n'est-il pas des nôtres ?
L'honneur et l'amitié viendraient à son secours ;
N'avons-nous pas, parfois, à sa bourse eu recours.

BELLART.

Quoi… là… sincèrement ?

D'AUTERIVE.

Le doute est une injure ;
Mais pourquoi supposer, ce déplorable augure,

Qui ne peut arriver ?

MORNAY (Il s'approche de Bellart et lui dit à part).

Eh bien critique altier,
Devant leur dévouement, il faut t'humilier.

BELLART (à Mornay à part).

A l'œuvre attendons-les.

———

SCÈNE SIXIÈME.

LES PRÉCÉDENTS. ANDRÉ.

ANDRÉ.

Messieurs la table est mise.

MORNAY.

A table, allons Messieurs — Toi Bellart à ta guise.

(Ils sortent à l'exception de Bellart et d'André).

———

SCÈNE SEPTIÈME.

BELLART, ANDRÉ.

ANDRÉ.

Eh bien vous n'allez pas, Monsieur, à ce festin?

BELLART.

Non, mon vieux camarade, on m'attend ce matin,
Une personne ici, pour cela, doit se rendre ;
Puis, à rire aujourd'hui, je ne saurais prétendre.

ANDRÉ.

Mon Dieu, vous m'effrayez — Ce malheur est donc vrai,
Notre maitre est ruiné, car vous êtes défait,
Préoccupé, chagrin — Vous, son ami, son père ;
Mais pourquoi le cacher, à mon zèle sincère ?

BELLART.

Hélas il n'ose pas — Il voudrait même à lui
Se le dissimuler — Ce festin d'aujourd'hui,
Est donné dans ce but ; mais après cette fête,
Il faut que dès demain, la réforme complète,
De toute sa maison — mobilier, chevaux,
Se fasse sans retard pour parer d'autres maux.

ANDRÉ.

Détestable faillite ! O ce monsieur Coudère
Quel malheur il nous cause ! Un homme si austère
De la banque l'honneur, du Hàvre le Crésus ;
Perdre tout en un jour ! — Pauvre maître ! Jésus ! !
Que peut-il lui rester de sa fortune immense ?

BELLART.

Presque rien à présent — Dans quelque temps je pense,
La liquidation pourra bien lui donner
Dix pour cent — jusqu'alors il faudra crayonner.

ANDRÉ.

Mon maître — travailler ! — Oh cela ne peut être ;
J'ai là, dix mille francs, je vais les lui remettre,
De son père et de lui, gage de leur bonté,
Les lui rendre aujourd'hui n'est que de l'équité.

BELLART (à part).

O noble dévouement ! Quelle estime profonde
Peut assez t'entourer — cœurs glacés de ce monde,
Venez donc comparer, votre orgueilleux néant,
A la simple vertu, de ce cœur bienfaisant.

Haut.

Très bien, mon viel ami, accepte mon estime,
D'un honnête homme, elle est le sentiment intime,
Que l'on te doit, André, pour ce don généreux.
Si de cette action, le serviteur s'honore,
Elle peut, à bon droit, énorguellir encore,
Le maître, dont les soins, lui valent un tel prix ;
Tel maître, tel valet. — Mais garde tes profits ;
Mon bon André, Mornay, dans son état pénible,
Bénira ton amour, et son âme sensible,
Ne voudra pas priver, son bon vieux serviteur,
D'une épargne sacrée, et devenir l'auteur,
En acceptant, d'un mal, toujours dur à ton âge ;
La misère ! — Il est jeune, il aura le courage,
De vaincre, en travaillant, l'injustice du sort,
Et glorieusement, regagnera le port.
Garde donc ton trésor.

ANDRE (à part en s'en allant).

Non j'aurai cette ivresse
De te rendre cet or, — et si de ta détresse,
Je ne puis te sauver, mon pauvre maître, hélas,
Je veux au moins t'aider et ne te quitter pas.

Il sort.

SCÈNE HUITIÈME.

BELLART (seul).

Mornay par son honneur et son âme loyale,
Me fait bien augurer, de la partie morale ;
Mais je redoute fort, l'insouciant maintien,
Que le monde tiendra, devant le praticien.
Clarisse pourrait seule, augmentant son estime,
Relever son courage. Influence sublime ;
L'amour et son devoir — Clarisse et son enfant,
T'arracherait son cœur, ô monde décevant.

SCÈNE NEUVIÈME.

BELLART, LOUIS.

LOUIS.

Une personne est là, monsieur, qui vous demande.

BELLART.

Ah bien — faites entrer — si l'on vient qu'on attende.

Louis sort et fait entrer de Goy.

SCÈNE DIXIÈME.

BELLART, DE GOY.

BELLART.

Bonjour, monsieur, entrez et veuillez vous asseoir.
Je crois que vous venez, pour le fait d'hier soir?

DE GOY.

Oui monsieur — de Montchamp notre cher camarade,
Me dépêche vers vous. — Puisse cette ambassade,
Se passer sagement, et qu'un traité de paix,
Vienne la terminer. — Je ne vois dans les faits,
Tels qu'ils me sont connus, qu'une erreur regrettable,
Qu'un simple désaveu, rendrait très pardonnable.

BELLART.

De monsieur de Montchamp, vous êtes, je le vois,
Le sage et digne ami — vous serez je le crois,
Satisfait en cela ; car Mornay se condamne ;
Il regrette beaucoup, cet écart de son âme ;
Comme un homme loyal, il veut que sur ce point,
Votre ressentiment, contre lui, soit éteint.

Veuillez donc, au plutôt, prier son adversaire,
De venir avec nous, terminer cette affaire ;
Mornay ne peut quitter, il a quelques amis.

DE GOY.

A de Montchamp, je vais, dire qu'il est compris.

Il sort.

SCÈNE ONZIÈME.

BELLART, MORNAY, D'AUTERIVE, SERVIÈRES
ET LES DEUX AUTRES AMIS.

Ils sortent de la salle à la droite du spectateur.

D'AUTERIVE.

Quel repas !

SERVIÈRES.

L'ordonnance en était somptueuse.

D'AUTERIVE.

D'un luxe princier, ta table fastueuse,
Affichait tout l'éclat.

4

SERVIÈRES.

Mornay sent son seigneur,
Et dans tout ce qu'il fait, respire la grandeur.

MORNAY.

Assez, mes chers amis.

D'AUTERIVE.

Au moins faut-il qu'on dise,
Ce qu'on pense de toi (à Bellart) mais en toute franchise,
A mener un tel train, Mornay se ruinera.

MORNAY (à part).

O mon Dieu que je souffre.

BELLART.

Eh puisqu'il trouvera
Aide et secours en vous ; car il est bien des vôtres,
Vous n'avez pas voulu faire les bons apôtres,
En le lui assurant.

SERVIÈRES.

Sans doute, mais pourquoi
Le laisser se ruiner, par ce luxe de roi.

MORNAY.

Allons, messieurs, allons, le café nous invite,
Et pour le prendre chaud, venez donc au plus vite ;
Ensuite, nous verrons, quel sera le drapeau,
Que suivra la fortune, en cœur, pique ou carreau,
Venez.

BELLART.

Un mot, Mornay,

MORNAY.

Allez donc à l'avance,

Je vous suis.

Tous les invités passent dans le salon à gauche du spectateur.

SCÈNE DOUZIÈME.

BELLART, MORNAY.

MORNAY.

Que veux-tu ?

BELLART.

C'est de ma conférence.

Avec un des témoins de Monsieur de Montchamp,
Dont je veux te parler — au plus tôt — sur le champ.

MORNAY.

Qu'avez-vous décidé?

BELLART.

     Dans sa dignité calme,
Cet homme doux et sage, a présenté la palme
De la paix, à ce prix, que tu reconnaitrais
Tes mots, immérités et les retirerais.

MORNAY.

C'est parfait de raison ; votre avis est fort sage ;
Cependant si je rends, ce juste témoignage,
Je suis aux yeux de tous, un objet de pitié.

BELLART.

Ah choisis donc alors — le monde, ou l'amitié ?
Le duel, quelqu'il soit, n'est jamais honorable ;
Il peut être un besoin, mais toujours regrettable,
Un honnète homme, enfin, ne le reconnait pas,
Et le spadassin, seul, y trouve des appas.
Malgré tout, si de duel, le besoin chez toi gronde,
Il en est un permis, pour lui je te seconde,

Celui de la sagesse, avec les préjugés.

A mort, pour celui-là

(Un domestique apporte des lettres).

Lis ce sont des congés.

MORNAY.

Ah c'est de la marquise.

(Lisant).

« Monsieur, vos assiduités près de nous, font circuler

» dans le monde, de certains bruits facheux, qui peuvent

» compromettre ma fille. Vous êtes trop galant homme,

» pour ne pas les faire cesser dès à présent. Je vous prie

» d'agréer l'assurance de mes regrets. »

O lâche perfidie !

BELLART.

Mais non mon cher — La lettre est vraiment très polie :
Vois donc l'autre à présent.

MORNAY (avec une exclamation de joie).

Clarisse ! quel bonheur.

Il laisse la lettre, puis dit par réflexion.

Si comme la marquise, elle allait...

BELLART (souriant).

Quelle erreur,

Lis donc et ne crains rien, — elle n'est par marquise,

MORNAY (lisant.)

« Mon cher Gustave, c'est avec des sentiments bien diffé-
« rents que j'apprends le malheur qui vient de vous frapper ;
« avec peine, puisqu'il doit vous affliger, mais avec joie,
« parce qu'il me rapproche de vous. Votre prospérité me
« faisait une loi de ne pas vous rappeler votre promesse,
« dans la crainte que le monde ne salit cette intention, en la
« qualifiant d'intérêt calculé ; mais aujourd'hui, que vous
« avez perdu cette grande fortune, je viens sans crainte et
« bien heureuse, vous offrir ma main. Ne me refusez pas, car
« plus tard je ne pourrais l'accepter. Mon père est désolé de
« ce qui vous arrive ; vous savez s'il vous aime ; il regarde
« donc comme un devoir, qui lui sera doux à remplir, de
« vous associer avec lui ; il va vous faire cette proposition.
« Adieu, mon ami, consultez votre cœur et que Dieu vous
« inspire. »

Mornay réfléchi.

BELLART.

Quelle simplicité ! Quelle nature exquise !
Ose hésiter encor.

SCÈNE TREIZIÈME.

LES PRÉCÉDENS, D'AUTERIVE, SERVIÈRES ET LES DEUX AUTRES AMIS. (Ils sortent du petit salon).

D'AUTERIVE.

Nous t'attendons très-cher

MORNAY.

Pardonnez — à l'instant.

SERVIÈRES.

Nous venons te chercher.
D'Auterive a perdu, cent et quelques louis,
Il veut, pour se couvrir de ces coups inouis,
Te combattre à ton tour.

———

SCÈNE QUATORZIÈME.

LES PRÉCÉDENS, GAMBON.

GAMBON (étonné.)

Quoi ! tous pour condescendre
A son malheureux sort ; mais qui pouvait s'attendre

A vous voir réunis, chez lui, lorsque ruiné,

D'AUTERIVE.

Ruiné — qui?

SERVIÈRES.

Mornay ? (A part.) Je l'avais deviné.

GAMBON.

Vous ne connaissiez pas cette triste nouvelle?

A Mornay.

Que je suis maladroit.

MORNAY.

Mais non puisque ton zèle,
Me force à prononcer, ce dur et triste mot,

BELLART.

Que sage il eut fallu, déclarer bien plus tôt.

MORNAY.

Oui — perdu — ruiné, par l'immense faillite,
De mon banquier du Hâvre, aventure maudite,
Qui me force de vendre, aujourd'hui, ce que j'ai.

D'AUTERIVE.

Ce cher Mornay — quel coup — hélas ce n'est pas gai;

Mais va nous te verrons,

BELLART.

Quelle condescendance !

D'AUTERIVE.

Ah tu vends ton hôtel, et bien par préférence,
Veux tu me le céder ? — Ici pour cet achat,
Mon notaire, avec toi, dressera le contrat.
Au revoir donc. (Il sort).

BELLART.

Et d'un !

SERVIERES.

J'ai, pour moi, l'habitude,
D'obliger ceux que j'aime et ma mansuétude,
Ne vous faillira pas — J'ai là dans ce moment,
D'expéditionnaire, un emploi justement,
Venez donc me trouver, si vous voulez la place.
Douze cents francs — Eh quoi, vous faites la grimace ;
L'emploi sera couru — Recevez mes adieux (Il sort).

BELLART.

Et de deux !

GAMBON.

O ce trait est des plus odieux.

Moi, je ne suis pas riche, hélas, je le confesse,
Je ne puis donc en rien soulager ta détresse ;
Mais tu ne peins pas mal et pourrais travailler.
Si tu le veux, Mornay, viens à mon atelier ;
J'attends dans quelques jours une riche commande
Où je t'associerai.

MORNAY.

Cher Gambon ! j'appréhende
De pouvoir réussir.

BELLART.

Sans avoir combattu
Honteusement tu fuis.

MORNAY.

Ah je suis abattu
Pour tout ce qui m'arrive — Amitié mensongère !
Toi seul a pris pitié de ma triste misère.
Merci, mon cher Gambon.

GAMBON.

Eh quoi — je me souviens,
Qu'à de certains moments, tu m'as fait quelques biens.

Je ne suis pas ingrat — Adieu donc, mais songes.

Que mes offres et conseils, ne sont pas vains mensonges.

MORNAY.

J'y penserai -- bonjour.

(Gambon sort).

SCÈNE QUINZIÈME.

BELLART, MORNAY.

BELLART.

Eh bien, tu les as vu,

Ont-ils assez prouvé, ce que j'avais prévu ?

Ces amis de tes biens, àpres à la curée.

Et leur indifférence, est-elle démontrée ?

MORNAY.

Hélas oui, je le vois, — Leur dévouement banal

Ne me concernait pas — Mais c'est qu'en général.

On juge d'après soi, les gens que l'on estime.

A la déception je solde ici ma dîme.

BELLART.

Des choses, dans ceci, vois l'ordre naturel ;

L'amitié doit avoir pour base, un fond réel.

Incompatible. avec la nature fragile,
De vos relations dans ce monde futile ;
Sur l'estime, elle doit se reposer encor,
S'attacher à nos cœurs et non pas à notre or.
Pauvre fou, jusqu'alors, trompé par le mirage,
Tu n'as pris, pour l'objet, que l'ombre à son passage ;
En outre, tant d'amis, n'est pas bonheur commun,
Il doit se dire heureux, qui peut en trouver un.

MORNAY.

Aussi, vois, — tous me fuient — La misère est trop laide
Dans la lutte, vers moi, nul ne vient à mon aide.

BELLART.

Ingrat, que fais-je donc ?

MORNAY.

    Ah pardon cher ami.
Toi que j'aime et vénère, et qui fus seul parmi
Ces pillards éhontés, l'unique véritable,
Je t'oublie et me plains ! et je me fais semblable,
A tous ces lâches cœurs — Si je pouvais jamais,
Ressaisir la fortune, alors que je voudrais,

A ces froides sangsues, rendre, avec large usure,

Dédain pour insolence et mépris pour injure.

Ah pourquoi le Marquis ?

BELLART.

Tais-toi, Mornay, tais-toi.

L'amour-propre te perd.

SCÈNE SEIZIÈME.

LES PRÉCÉDENTS, LE MARQUIS DE LUÇAY

LOUIS (annonçant).

Monsieur de Luçay.

MORNAY.

Quoi !

LE MARQUIS.

Près de vous, cher ami, j'accours en diligence,

MORNAY.

J'en suis ravi, Monsieur, je pourrai donc

BELLART (à Mornay à part).

Silence. (Il s'assied).

LE MARQUIS.

Oui, de nous, vous devez être très mécontent ;
Je le sais, mais pardon. — La marquise un moment,
Apprenant des propos, pouvant toucher sa fille,
A, par condescendance, à sa noble famille,
Cru devoir envoyer, ce maladroit billet,
Et le désapprouvant, j'appelai le valet ;
Mais il était parti — Je fis à la marquise,
Des reproches sentis, qui l'ont enfin remise,
Tout au mieux avec vous — Excusez son erreur,
Son amour pour sa fille, avait troublé son cœur.

MORNAY.

En admettant, Monsieur, qu'acceptant ces excuses,
Et que de ma fierté, les plaintes soient excluses,
Comment puis-je vous voir, puisque je compromets,
Votre fille ?

LE MARQUIS.

Eh mon Dieu, que me font ces caquets ?
Je sais que vous l'aimez, ma confiance extrême,
A toujours supposé, vous sachant l'honneur même,
Que vos assiduités auraient un résultat
Moral.

BELLART (il se lève et dit vivement).

Eh quoi, monsieur, connaissant son état ?

LE MARQUIS (Il tire son mouchoir de sa poche et fait tomber un papier).

Ah de répulsion, doit-il être le signe ?

Montrant Mornay.

Pour lui seul, je maudis cette faillite indigne,

Mais son honneur est sauf ; il reste maintenant,

Malgré son infortune, notre ami, comme avant.

(Bellart fait un geste d'étonnement et retourne s'asseoir ; il
aperçoit alors le papier tombé de la poche du marquis, il le
ramasse, l'ouvre et le lit. Le marquis à Mornay en lui prenant le
bras et l'emmenant d'un autre côté de la scène).

Ainsi donc, entre nous, plus de délicatesse

Vous êtes malheureux, venez, notre tendresse,

Vous reconfortera, contre ce coup du sort.

Vous restez froid ! — C'est mal — Oubliez notre tort :

Venez nous voir souvent. — Et tenez — à la fête

Que je donne ce soir, afin de faire tête,

A tous les sots propos, contre vous répandus.

MORNAY (embarrassé).

Mais.... je ne sais.

BELLART (qui a lu le papier se lève et dit vivement)

Mornay ! c'est une injure en plus.

Laisse-là le marquis et viens que je t'embrasse,
Cher ami, ta fortune est intacte, et la chasse,
Que monsieur vient te faire ici, l'annoncerait,
S'il n'avait, par hasard, de son habit, extrait,
La preuve par écrit. — Tiens lis. — Monsieur Coudère
N'a pas failli le moins ; mais c'est son jeune frère,
Dont la maison tombée, a produit ce faux bruit.
La vérité sur tous, de ce fait, te luit.
Par cet évènement, tu peux juger l'estime,
Que l'on faisait de toi — Mais aussi légitime,
Ta fortune rendue, elle va revenir.
Que te disais-je — vois.

SCÈNE DIX-SEPTIÈME.

LES PRÉCÉDENS D'AUTERIVE, SERVIÈRES, GAMBON ET LES DEUX AUTRES AMIS.

SERVIÈRES.

Rien n'a pu retenir,
Tous tes amis, Mornay, dè venir avec zèle,
Célébrer avec toi, cette heureuse nouvelle.

D'AUTERIVE.

Te voilà riche encor, nous sommes consolés,
Mais que ce malheur donc, nous avait désolés ;

Non que notre secours, tu le savais d'avance,
T'eut manqué dans ce cas.

MORNAY.

Je sais quelle créance,
J'en puis faire Messieurs.

GAMBON.

Ma satisfaction,
Mornay, dans tout ceci, par bonne intention
N'est pas pour ce retour — J'en suis heureux, sans doute,
Mais l'autre évènement — voilà ce qui me coûte,
T'eut fait artiste habile.

MORNAY.

Il m'a fait pour toujours.
Un homme ! — Et de ma vie, il réglera le cours ;
C'est par lui — c'est par toi, cher Bellart, qu'en moi-même,
Je puis enfin descendre et connaitre qui m'aime.
Je vais donc m'acquitter envers chacun de vous,
Et...

5

SCÈNE DIX-HUITIÈME.

LES PRÉCÉDENTS, DE MONTCHAMP.

LOUIS (annonçant).

Monsieur de Montchamp.

MORNAY (il va à sa rencontre).

> Ah d'abord, entre tous,
> Je suis heureux enfin, de vous payer ma dette.
> J'ai pu, dans un moment, qu'en honneur je regrette,
> Vous insulter, monsieur, lorsque vous défendiez,
> Mon malheur du mépris, et que vous descendiez,
> A commettre, pour moi, votre noble langage.
> Par excuses ici, puis-je effacer l'outrage ?

D'AUTERIVE.

Mornay !

DE MONTCHAMP.

> Je les reçois et vous offre à ce prix
> Mon estime et ma main. — Oui messieurs et je dis :
> Moi, membre de l'honneur, officier de l'armée,
> Qui me battis dix ans en Afrique, en Crimée,
> Que Mornay s'est conduit plus honorablement,
> En avouant ses torts, que par entêtement,

S'il avait jusqu'au bout, soutenu ses paroles.

Son courage aujourd'hui, ne vient pas des écoles

De Grisier, de Lepage — Il séjournait au fond

De son honnête cœur, comme un germe fécond.

De ce jet vertueux, sans grande prescience

Je dis qu'il s'applaudit, en toute conscience,

Et maintiens qu'autrement, un tort ne peut jamais,

Etre bien réparé — Car je trouve mauvais,

Que dans vos préjugés, le duel lave l'injure ;

Le sang ne lave rien — C'est une autre blessure !

Je suis à vous Mornay.

(Il l'embrasse, passe devant le marquis qu'il salue légèrement et va
donner la main à Bellart).

MORNAY (au marquis).

Vous, Monsieur le Marquis,

Qui d'après leur fortune, estimez vos amis ;

Vous avez quelque peu, terni votre noblesse,

Par un bas intérèt — J'aurai plus de sagesse,

Et vais vous le prouver, en refusant l'honneur,

De faire le Bertrand, d'un aussi fin seigneur.

N'osant pas m'allier à si noble famille ;

N'appréciant pas bien, l'éclat dont elle brille,

Je vous annonce ici, comme un projet certain

Dicté par la raison, honorable et prochain.

Mon heureux mariage avec Mademoiselle
Clarisse Aure Dumont, vers qui l'amour m'appelle.

D'AUTERIVE.

Ce cher ami, tant mieux — Et ce charmant objet
Est riche — de famille — du monde — son père est ?

MORNAY.

Commerçant.

D'AUTERIVE.

Ah Mornay !

MORNAY (avec force)

Successeur de mon père !
(Au marquis).

Adieu donc, cher Marquis, votre haut caractère,
Ne vous permettrait pas d'honorer mon hymen ;
Ce monde n'est pas vôtre ; après tout examen,
Vous seriez déplacé.

LE MARQUIS

Monsieur cela m'irrite,
Vous m'insultez, je crois ?

MORNAY.

Non marquis je m'acquitte.
(Il le salue, le marquis sort).

A vous cher d'Auterive, — Il ne vous faudra pas,
M'envoyer de notaire à traiter l'altercas ;
Vous le voyez, je suis par force manifeste,
Obligé de garder mon hôtel et le reste,
Je ne puis le céder, je compte y recevoir,
Ma femme, et ne pourrai par suite, vous y voir,
Ne voulant contre moi, grandir votre rancune
De n'avoir profité de ma triste infortune.

(Il le salue, d'Auterive sort).

Servières, cher ami, je vous suis obligé,
De votre bienveillance et suis bien affligé,
De ne pas devenir l'expéditionnaire,
De votre cabinet ; mais le millionnaire.
Se souviendra toujours, du secours libéral,
Que vous lui accordiez dans son revers fatal.
Je ne puis pas, non plus, vous prier à la fête,
Qui, pour me consoler de vous perdre, s'apprête :
Mais, pour Monsieur Dumont, le Ministre a conçu,
Une très-grande estime — Aussi toujours reçu
Intimement par lui, je dirai qu'il demande,
Pour vous, quelques faveurs et qu'il vous recommande.
C'est ainsi que Mornay, se venge du mépris,
Et du lâche abandon de tous ses faux amis

Adieu.

(Il le salue, Servières s'incline et sort avec les deux autres amis).

Pour toi Gambon, dont l'âme est généreuse,
Du monde crains surtout, l'influence fâcheuse,
Crains ses fausses vertus, ses funestes poisons,
Qui tuent l'âme

(montrant Bellart)

Et vers lui, viens prendre des leçons.
Dans mon malheur, toi seul, avec quelque noblesse,
M'as secouru — Je veux de ta délicatesse,
Reconnaitre les soins. — Fais moi donc un tableau,
Représentant au vrai, de ton savant pinceau,
La scène que tes yeux, ont vu là se produire,
Afin que constamment, elle puisse me dire,
Combien est vil et bas l'hypocrite de cœur.

BELLART.

D'un autre enseignement, il aura la valeur ;
Pense, en le regardant, à bénir la faillite ;
Tu lui dois ton courage.

MORNAY (à Bellart et à de Montchamp).

A vous deux ce mérite !
Pour le Hàvre partons ! — Bonheur tu me souris ;
Monde faux je te hais, entre ces deux amis.

FIN.

POSTCRIPTUM

L'Auteur est un original, qui a le travers, dans le siècle où nous vivons, de se connaître et de s'apprécier ; il n'est malheureusement pour lui, ni un génie ni un érudit, mais il est honnête homme.

Cet opuscule est donc, tout simplement, une œuvre honnête et modeste, et qui, en raison de sa modestie, n'est destinée ni au théâtre, ni au public ; mais seulement à des amis, qui la comprendront et ne la jugeront pas.

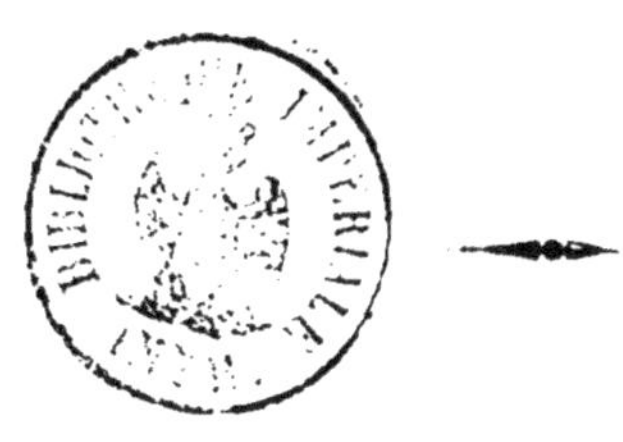

CAMBRAI, 26 JUIN 1858.